AF268293

UN CONSERVATEUR

A SES CORELIGIONNAIRES POLITIQUES.

Articles insérés dans l'Intérêt public de Cholet,

DEPUIS QUE NOUS SOMMMES EN RÉPUBLIQUE,

PAR **J.-A. BROQUE.**

CHOLET,
Imprimerie de H. FARRÉ, rue du Verger.

UN CONSERVATEUR

A ses Coreligionnaires politiques.

Cholet, le 2 octobre 1870.

Le citoyen X.... m'ayant fait l'honneur de m'adresser sa circulaire électorale, je me crois en droit de lui répondre ceci :

Ma voix est acquise d'avance à celui qui proclamera bien haut et inscrira sur son drapeau : « L'ordre avant la liberté, l'ordre avant l'égalité, l'ordre avant la fraternité ! » Car, sans l'ordre, la noble et très-respectable devise :

LIBERTÉ, ÉGALITÉ, FRATERNITÉ,

signifie, hélas ! oppression, despotisme, drapeau rouge.

L'article qu'on va lire a été écrit avant la Commune ; depuis, je me plais à le reconnaître, le parti républicain a fait preuve d'autant de sagesse que de modération et même d'abnégation ; j'entends le vrai parti républicain.

La RÉPUBLIQUE et les RÉPUBLICAINS.

Cholet, le 5 février 1871.

Pauvre République, à laquelle tant de gens de bonne volonté étaient disposés à se rallier, ce sont tes fervents apôtres qui sont tes plus cruels ennemis. On dirait des amants que transporte une monomanie jalouse au point de vouloir pour eux seuls le monopole de tes caresses et de tes faveurs, des amants qui te disent brutalement : Sois à nous, tout à nous, rien qu'à nous, sous peine de disparaître à jamais. Ce sont eux, ma pauvrette, bien plus que les réactionnaires, qui t'ont de leurs propres mains étranglée en 93 et 48, et qui te menacent aujourd'hui du même sort par leur soif ardente de l'illégalité et par leur ostracisme.

Au lieu de chercher à faire oublier la façon cavalière dont tu t'es imposée, au lieu d'attirer à toi, par leurs ménagements et leurs bons procédés, les masses sans lesquelles rien de stable ne peut se fonder, ils font tout pour les irriter et les rendre hostiles. Et pourtant ils se disent républicains, c'est-à-dire, partisans du gouvernement de tous par tous ; mais cette honorable qualification n'est de leur part qu'une usurpation de titre ; et pour eux l'arbitraire et le bon plaisir priment la liberté, l'égalité, la fraternité.

LA FORME GOUVERNEMENTALE.

Cholet, le 12 mars 1871.

Il faut en finir, disent les impatients et les gens à courte vue ; et ces quatre mots signifient qu'on doit se hâter de démolir la République.

Mais avant de nous prononcer sur un aussi grave sujet, il nous importe de nous recueillir, de rentrer en nous-mêmes et de consulter religieusement l'austère, la froide raison, qui nous dira :

« Mes bons amis, il faut être aveugle pour ne pas voir que les nations
» civilisées, celles qui tendent à secouer le joug de la force brutale, marchent
» à la République d'un pas assuré ; que c'est le pôle vers lequel elles sont
» entraînées, bon gré, mal gré, comme par un aimant irrésistible ; que la
» France est à la tête de ce courant magique, éternel cauchemar des despotes ;
» que chez elle en particulier aucun gouvernement ne tiendra s'il a contre
» lui Paris et les grandes villes ; qu'une restauration monarchique quelconque
» ne sera qu'éphémère, et deviendra dans peu d'années une nouvelle cause de
» révolution, de bouleversement et de ruine ; que la peur est une mauvaise
» conseillère, et qu'il vaut cent fois mieux regarder en face le danger que de
» lui tourner le dos ; que du moment qu'il nous faut fatalement, tôt ou tard,
» arriver à la République, le plus sage est de nous soumettre dès maintenant
» à son empire, avec la ferme résolution de la surveiller, de la contenir et de
» dompter ses mauvais penchants ; qu'il suffit pour cela d'un peu de courage,
» attendu que le parti de l'ordre a pour lui le nombre et une arme éminemment
» puissante, le suffrage universel ; qu'en définitive c'est le régime le plus
» économique, le plus propre à clore enfin l'ère périodique des révolutions,
» le navire qui, bien gouverné, peut le mieux nous sauver des tempêtes et
» du naufrage, et nous permettre d'arriver au port. »

Voilà certainement ce que nous dira la raison. Puisse son langage être entendu de tous ceux qui, reléguant au second plan la forme gouvernementale, s'efforçant de projeter leurs regards par delà l'horizon et faisant au besoin le sacrifice de leurs sympathies, aiment surtout et avant tout notre chère patrie, si ballottée, si cruellement éprouvée depuis moins d'un siècle.

S'il n'en est pas ainsi, si les gens d'ordre croient devoir encore se jeter follement dans les aventures monarchiques, je le regretterai sincèrement, sans pour cela déserter leurs rangs, étant bien décidé, comme toujours, à ne jamais faire d'opposition systématique à tout ordre de choses régulièrement établi par la majorité de mon pays.

Telles sont les réflexions, tels sont les humbles conseils que je soumets à l'appréciation de mes concitoyens, avec le vif désir de les voir bien pénétrés de la justesse de cet aphorisme : La France ne peut être grande, prospère et heureuse que par la stabilité. Or, légitimistes, orléanistes et bonapartistes ont fait preuve de leur impuissance à nous la procurer ; cherchons-la donc ailleurs. Et puisque la République vient, pour la troisième fois, d'affirmer sa vitalité, faisons, avec tous les égards dûs à l'honorable caducité, faisons nos adieux aux rois qui s'en vont, et sinon saluons avec transport, du moins ne repoussons pas impitoyablement le seul gouvernement qui soit un gouvernement d'avenir, en même temps qu'une protestation tacite contre la sauvagerie tudesque qui, malgré ses succès, a complétement échoué dans le but qu'elle se proposait sournoisement, celui de nous rendre Cosaques.

Espérons aussi que ce gouvernement, à l'exemple de l'églantier qui sort plein de sève et de vie des racines d'un rosier à son déclin, se fera remarquer par une saine et vigoureuse végétation, et qu'avant peu il nous vengera de nos désastres, en entraînant à sa suite, vers le pôle de la République universelle, cette Allemagne insensée, qui nous a tant fait de mal.

Celui qui, ne demandant absolument rien pour lui-même, tient seulement à honneur d'être et de se dire le fils d'un honnête ouvrier.

CONCLUSION.

Si mon ingrate et fâcheuse étoile avait déposé sur mon front une de ces étincelles qui produisent les Rubens, les Michel-Ange, je résumerais mes opinions dans un grand et magnifique tableau, dont voici l'ordonnance :

J'établirais en première ligne la mâle et colossale figure de la Stabilité, assise, entre deux lions impassibles, sur un siège solidement construit, et ayant à ses pieds, en miniature, le bœuf traçant son sillon, le forgeron forgeant tout autre chose que des armes, la locomotive dévorant l'espace et le vaisseau franchissant les mers, portant l'une et l'autre, pour les distribuer en tous lieux, *urbi et orbi,* les produits multiples de l'industrie, etc., etc.

A droite de la Stabilité, se tiendrait debout la Légalité, les deux mains appuyées et la tête gracieusement inclinée sur l'épaule de l'Ordre, son frère ; à gauche, la Fraternité au visage sympathique, souriant et tendant les bras à la vraie Liberté (liberté pour tous, liberté sans dévergondage) ; en arrière, comme d'humbles servantes, la vieille Royauté et sa jeune rivale, la République ; et, tout-à-fait dans l'ombre, le Génie de la France, terrassant l'Anarchie et la hideuse Terreur ; puis se déroulerait dans les airs une banderole d'azur avec ces mots en lettres d'or :

E viva la Stabilità !

LA DÉPUTATION DE MAINE-&-LOIRE.

Cholet, le 19 novembre 1871.

A Versailles, comme à Bordeaux, nos députés, à une ou deux exceptions près, se sont signalés par leur empressement et leur ardeur à accueillir et chaudement appuyer toutes les mesures qui semblaient dirigées contre M. Thiers, c'est-à-dire contre l'éminent citoyen qui seul était capable de faire entendre le célèbre *Quos ego* aux monarchistes et au républicains prêts à se déchirer.

Ayant contribué par mon vote à les envoyer à la Chambre, je puis bien, ce me semble, quelque modeste que soit mon individualité, exprimer mon opinion sur leurs actes parlementaires. Car si j'admets pour le député la faculté de repousser tout mandat impératif, d'un autre côté, je crois au droit absolu de l'électeur, en qui seul en définitive réside la souveraineté, tant nationale que départementale et communale, de le citer à sa barre après chaque session et de lui demander compte de la manière dont il a rempli son mandat.

Je dirai donc à nos honorables représentants que leur opposition a pour but et pour résultat d'enrayer le char du gouvernement qui, personne ne le conteste, est celui qui nous divise le moins, celui qui, dans les circonstances présentes, commandant si impérieusement l'union, peut seul nous garantir l'ordre, la sécurité, la confiance et la marche régulière des affaires. J'ajouterai que de même qu'en 1789 le parti de la Cour, par la résistance opiniâtre qu'il apporta à des réformes nécessaires, n'a pas peu contribué à faire sombrer la barque monarchique, de même aussi le navire de l'Ordre est entravé dans sa manœuvre par ceux-là mêmes qui ont le plus d'intérêt à lui voir éviter les récifs et les tempêtes. On veut la monarchie, c'est très-bien ; mais laquelle ? il y aurait peut-être de la franchise à le dire. Est-ce celle du drapeau blanc, celle des d'Orléans, celle des Bonapartes ? D'accord pour démolir, je ne vois pas qu'on doive l'être pour reconstruire ; j'ai la conviction au contraire qu'aucun des trois partis monarchiques n'est disposé à abdiquer en faveur de l'un de ses complices ; que si l'un d'eux était élevé sur le pavois, les deux autres se réuniraient infailliblement aux républicains pour le battre en brèche et le culbuter, et c'est en cela précisément que gît le danger. Sachez donc bien, Messieurs, que l'Internationale est là, qui vous guette et se réjouit de vous voir ainsi tourmenter notre chère malade, et apporter des entraves à sa convalescence et à sa guérison. Sachez que vous lui offrez, bien involontairement sans doute, la seule chance qui lui reste de pêcher en eau trouble et de reprendre le cours de ses exploits. Sous la République, terrain neutre et on ne peut plus favorable au maintien et à la défense de l'ordre, l'armée tout entière s'est résolûment battue contre l'insurrection parisienne ; mais en serait-il de même si, par suite du retour à la royauté, celle-ci voyait toutes nos grandes villes s'insurger contre elle ? La question dynastique ne viendrait-elle pas compliquer et paralyser la question d'ordre ? Peut-être suffirait-il du *pronunciamiento* d'un seul général, d'un seul régiment, pour en entraîner une foule d'autres, et l'on frémit à la seule pensée de ce qui pourrait en résulter.

On a dit et répété, non sans raison, que les extrêmes se touchent, et il pourrait bien y avoir quelque chose de vrai dans l'accusation portée contre la droite et contre les journaux qui la poussent et l'excitent de tendre vers ce qu'on appelle la *terreur blanche*. Pour ne citer qu'un exemple, la *Patrie*, autrefois si maîtresse d'elle-même, semble être possédée, depuis quelque temps, par un véritable esprit de vertige, et vouloir laisser à certains organes républicains tout le mérite et le bénéfice d'une sage modération.

Cependant il n'est aucun de nos représentants angevins qui ne veuille assurément le bien, le salut de notre pauvre patrie. Le seul reproche qu'on puisse leur adresser, c'est de ne pas voir juste, de ne pas comprendre la situation, de ne pas vouloir l'essai loyal du seul gouvernement qui soit un gouvernement d'avenir, de refuser d'appliquer *en haut* la machine administrative, aux rouages pourtant si simples, si naturels, qui, de l'approbation de tous, fonctionne depuis 89 dans la moindre de nos bourgades, enfin de courir étourdiment au-devant de nouvelles révolutions pour arriver en fin de compte, de cahots en cahots, de catastrophe en catastrophe, avec augmentation considérable de la dette et par suite des impôts, pour arriver à quoi ? à la Républque, car, je le répète, il faut être aveugle pour ne pas voir que les rois s'en vont, c'est-à-dire que les idées, les tendresses monarchiques vont de jour en jour en s'effaçant chez les masses et que bientôt il n'en restera presque plus de trace quand le mot de *république*, mieux compris et sagement appliqué, cessera d'être un épouvantail pour les populations qui, sans avoir été républicaines de la veille, le deviendront du lendemain par raison et par nécessité.

L'envoi de nos législateurs en vacances a eu principalement pour but, dit-on, de leur permettre d'interroger l'opinion de leurs commettants : voilà la mienne, et j'ai tout lieu de penser qu'elle est partagée par bon nombre d'électeurs.

LE PARTI CONSERVATEUR.

Cholet, le 24 décembre 1871.

Je me propose d'établir dans cet article : 1º que le parti conservateur, auquel je tiens à honneur d'appartenir, a commis des fautes capitales ; 2º que le seul moyen de réparer ces fautes et d'en éviter de nouvelles, c'est de faire demi-tour à gauche et de marcher dans une autre direction.

I.

Nous sommes en 48 ; une révolution vient de balayer le trône de juillet. La République, qui prétend être, depuis 1792, le gouvernement normal et seul légitime, et qui n'a vu que des accidents, des usurpations, dans le premier Empire, dans la Restauration et dans la royauté de Louis-Philippe, la République, dis-je, déclare qu'elle reprend ses droits, et l'un des premiers actes du gouvernement provisoire est d'instituer le grand, le fécond principe du suffrage universel, qui transfère à tous, petits et grands, la souveraineté nationale, dont des privilégiés avaient eu seuls jusque-là le monopole.

Le parti conservateur tout entier proteste de son dévoûment au nouvel ordre de choses ; d'un bout de la France à l'autre le clergé, haut et bas, s'empresse de s'offrir pour bénir les arbres de la liberté, et proclame par dessus les toits que le fondateur du Christianisme fut un véritable républicain, et que son Evangile est le code le plus parfait de la fraternité universelle. Une assemblée nationale est nommée, et d'un accord unanime, avec un élan qui tient du délire, elle confirme et acclame la République. Mais ces démonstrations, ces beaux sentiments n'étaient pas sincères, et la peur seule en déterminait l'explosion. Aussi lorsqu'après les funestes journées de juin tout danger parut passé, la réaction commença à lever la tête, et ce fut alors que les conservateurs inaugurèrent cette série de fautes qui devaient nous être si fatales.

Il eût fallu profiter de ce que le terrain était déblayé de tout ce qu'il y avait de violent dans le parti républicain pour asseoir carrément la République, et employer toute l'influence qu'on avait sur les masses inintelligentes des campagnes pour faire nommer président le général Cavaignac, qui venait de donner à la cause de l'ordre des gages si éclatants. Au lieu d'avoir recours à ce sage parti, ce fut parmi les grands propriétaires, parmi les légitimistes et parmi le clergé, à qui déploierait le plus de zèle pour jeter une planche à un aventurier qui . . . .

. . . .

On me dira sans doute : « Mais vous, qui pérorez si bien, n'étiez-vous pas un des tenants de cet empire de malheur dont la révolution du 4 septembre nous délivra ? » Cette objection ne m'embarrasse nullement, et je vais y répondre catégoriquement et avec franchise.

Je n'ai voté ni pour la présidence napoléonienne, ni pour la présidence à vie, ni pour la couronne impériale, et le coup d'Etat me causa la plus pénible, la plus douloureuse impression. Mais lorsque je vis l'immense majorité de la nation absoudre à plusieurs reprises le grand coupable, alors et seulement alors, je me résignai à me rallier aux opinions du plus grand nombre, et à prendre une part tardive aux erreurs, aux fautes de sept millions et demi d'électeurs qui bien que faisant fausse route étaient certainement animés de la meilleure intention.

II.

Depuis que la Commune a été abattue, nous sommes à peu près dans la position où nous nous trouvions après les journées de juin ; et, de même qu'alors j'aurais voulu le maintien de la République, de même aujourd'hui je forme des vœux ardents pour que le grand parti de l'ordre, corrigé par une cruelle expérience, ne nous lance pas de nouveau dans les aventures monarchiques.

Qu'il dise aux républicains : « Eh bien ! soit ; nous consentons à confier les destinées de notre chère France à votre navire ; mais nous prétendons monter à son bord, et de concert avec vous, y installer un pilote, et avoir l'œil à la boussole ; nous désirons diriger et surveiller sa marche et l'empêcher d'aller à la dérive, car ayant pour nous le nombre, nous sommes bien décidés à compter pour quelque chose, et à ne pas subir le joug de la minorité. »

Se placer ainsi sur le terrain de la République et arborer franchement son drapeau, c'est retirer fraternellement des mains du parti républicain le levier qui lui sert à ébranler et renverser les trônes ; c'est rendre possible la stabilité gouvernementale et fermer la porte aux révolutions, dont chacune enfle si énormément le budget et les impôts ; enfin c'est procurer à notre bien-aimée patrie, à notre malheureuse France, la paix, la tranquillité, le repos, dont, après de pareilles secousses, elle éprouve si impérieusement le besoin.

Quelle différence, que de malheurs de moins, si, dès l'époque de 1848, le parti auquel je m'adresse s'était montré vraiment conservateur !

LE CRI D'ALARME.

Cholet, le

Les élections du 9 juin dernier ont jeté, sur tous les bancs de la droite, une panique, un désarroi, dont les journaux réactionnaires, avec une touchante unanimité, se sont empressés de se faire l'écho.

Comprenant enfin que l'opinion n'est plus avec eux, les monarchistes ont cru la ramener en évoquant encore une fois le *spectre rouge*.

« Tout est perdu, se sont-ils écriés ; voilà le flot démagogique qui monte, qui monte, et menace de tout engloutir dans un immense cataclysme ! »

Mais les gens sensés du parti conservateur, Dieu merci plus nombreux qu'on ne pense, ne les suivront pas sur ce terrain, et ne se laisseront pas effrayer comme des enfants que l'on menace de *Croquemitaine*. Ils ne verront dans les nouveaux élus que des républicains, il est vrai, mais des républicains qui ont protesté de leur dévoûment à la cause de l'ordre ; et, dans l'intérêt même de cette cause, ils s'efforceront de n'envoyer à la Chambre que des républicains du lendemain, ou, à leur défaut, des républicains de la veille, à l'exclusion des monarchistes de toute nuance.

« Il est infiniment regrettable, dira-t-on, de voir les soldats du parti conservateur abandonner ainsi des chefs de leur choix, dont personne ne conteste l'honorabilité. » C'est vrai, mais à qui la faute ? Ces chefs ne se sont-ils pas eux-mêmes suicidés par leurs intrigues et par leurs votes ; en un mot ne se sont-ils pas aliéné un grand nombre d'électeurs en ne se faisant pas *centre gauche?* Vous repoussez, Messieurs, le seul gouvernement possible dans les circonstances actuelles ; vous voulez de gaîté de cœur nous lancer dans de nouvelles révolutions, qui seules peuvent amener le cataclysme dont vous nous menacez ; à merveille, mais alors ne vous en prenez qu'à vous si vous subissez les conséquences de votre inexplicable légèreté, de votre politique aventureuse et au dernier point scabreuse.

J.-A. BROQUE.

Cholet, imp. de H. Farré.

LES PARTIS & LES MASSES.

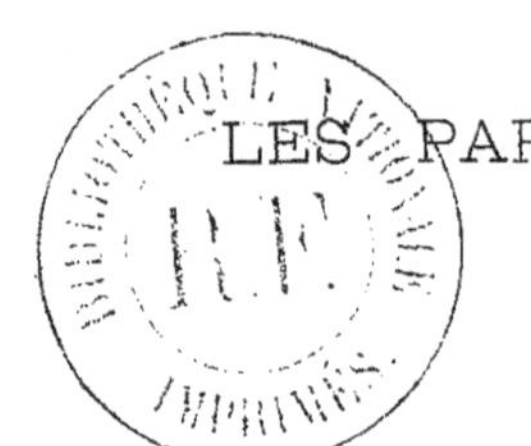
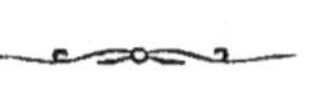
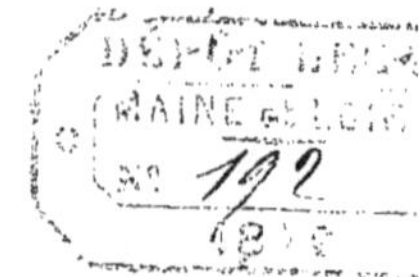

Cholet, le 26 octobre 1872.

Il existe en France jusqu'à cinq formes de gouvernement, qui toutes ont inscrit sur leur programme la nécessité du maintien de l'ordre, sans lequel il n'y a pas de société possible : ce sont la légitimité, l'orléanisme, le bonapartisme, la république radicale et la république conservatrice.

Il ne manque certainement pas de monarchistes et de républicains de bonne foi qui croient très-fermement que le palladium de notre belle et chère patrie consiste exclusivement dans l'application de leur principe. Mais la masse de la nation, blasée par tant de révolutions successives, se désintéresse de plus en plus de la lutte des partis, et en est venue à regarder d'un air impassible ces séduisantes amorces qu'on fait miroiter à ses yeux.

Dans son indifférence, attestée souvent par de nombreuses et regrettables abstentions électorales, cette foule essentiellement conservatrice de citadins, de villageois, de cultivateurs, d'ouvriers honnêtes, d'artisans, de commerçants, de rentiers et de propriétaires qui, ne prétendant ni aux honneurs, ni aux emplois publics, ne demande qu'à elle-même, à son industrie, à son travail manuel ou intellectuel, les moyens de diriger la barque qui contient ce qu'elle a de plus cher au monde, c'est-à-dire, sa famille et son avoir plus ou moins rondelet, souvent péniblement acquis, cette foule n'aspire qu'à un peu de stabilité et de calme qui lui permette de vaquer tranquillement à ses affaires et à son commerce, et de voguer librement sur cette mer si houleuse de la politique.

Pour elle, les trois formes monarchiques, contre lesquelles elle n'a pas d'antipathie préconçue, sauf peut-être la troisième, sont des machines aux engrenages usés, et dont l'emploi à nouveau ne lui inspirerait qu'une défiance mêlée d'inquiétude. Elle semble dire à ceux qui réclament son concours pour leur réinstallation : « Messieurs, il est trop tard ; jadis, les uns et les autres, vous avez eu la boule en main, ma foi, tant pis pour vous, si vous n'avez pas su gagner la partie. »

Reste par conséquent la république, qui se personnifie dans deux sœurs au caractère bien tranché, la radicale et la conservatrice.

La première effarouche bien encore un peu les masses par le souvenir des drames terribles qui ont eu lieu sous son règne ; mais il faut lui rendre cette justice qu'elle est devenue beaucoup plus modérée, beaucoup plus sage, et que depuis l'avénement de sa cadette, elle a eu le bon esprit de rester avec elle en excellents termes.

Plus modeste dans son allure, la république conservatrice, dont un grand citoyen fut le parrain et dont un solide général paraît devoir être le soutien, possède aux yeux de ces mêmes masses un avantage réel et qui n'est pas à dédaigner ; c'est celui de tenir en ce moment les rennes du char gouvernemental, comme aussi de n'avoir pactisé en quoi que ce soit avec les fauteurs de désordre de nos deux premières républiques. *Comment*, peut-elle dire,

Comment l'aurais-je fait, si je n'étais pas née ?

Quant aux anarchistes de nos jours, loin d'en avoir été complice, c'est elle-même qui les a combattus et terrassés , et elle ne se fait pas faute de rappeler à l'ordre ceux qui restent, quand il leur prend fantaisie de s'émanciper.

Elle a de plus le mérite d'avoir aidé de tout son pouvoir notre pauvre France à se remettre sur ses pieds ; d'avoir couvé et fait éclore l'œuf financier le plus phénoménal qu'on ait jamais vu, et d'être en train de nous débarrasser de nos bons amis, les Prussiens. C'est d'ailleurs une jeune personne accorte et bonne enfant, qui, moins exclusive que son aînée, accueille à bras ouverts tous ceux qui viennent sincèrement se ranger sous ses lois. La folle pousse même la générosité et l'imprudence jusqu'à confier la gestion de ses intérêts à bon nombre de gens qui ne demanderaient pas mieux que de l'étouffer dans leurs embrassements, et auxquels peut-être il ne manque que l'occasion. Enfin elle n'en est plus à faire ses preuves de modération, de sagesse et d'honnêteté; grâce à elle, le mot *république* a reçu sa véritable signification , et la forme gouvernementale que ce mot exprime a cessé d'être un épouvantail.

Quoi d'ailleurs de plus digne, de plus rationnel , de plus économique , de moins sujet aux aventures et aux révolutions , qu'une nation qui , devenue majeure, a pris, à l'exemple de la Suisse et de l'Amérique, le sage parti de se gouverner elle-même, sans s'abaisser à mendier la protection onéreuse d'un gendarme couronné, protection du reste illusoire en France.

Pour tous ces motifs , la majorité de la population conservatrice qui , plus réfléchie et plus sensée qu'on ne croit, ne professe aucun fétichisme politique, pas plus pour la monarchie que pour la république, ne peut manquer de venir à celle-ci, et de lui accorder et sa confiance et son appui.

Alors on pourra dire avec justesse : « A l'époque de la grande révolution, même à celle de la révolution de 48 , la France était républicaine d'enthousiasme ; mais de sa nature l'enthousiasme ne peut longtemps soutenir son vol exagéré, et la république est tombée. Aujourd'hui, c'est par raison, par nécessité , par suite de la rivalité et de l'impuissance des partis monarchiques que nous sommes redevenus républicains, et ce fait présente, pour la république, beaucoup plus de chances de durée et de stabilité. »

J.-A. BROQUE.

Cholet, imp. de H. Farré.

APPEL A LA MODÉRATION.

Cholet, le 4 décembre 1872.

S'il m'était permis de donner un conseil aux conservateurs restés monarchiques, à ceux du moins qui ne sont guidés par aucun motif d'ambition personnelle, par aucun esprit d'intrigue, je leur dirais : Gardez-vous de la haine injuste et odieuse qu'on affecte contre les aînés de cette République qui, au lendemain de nos désastres, s'est trouvée là fort à propos, comme pour faire office de radeau providentiel, et nous sauver du naufrage. Car il ne faut pas s'abuser : aucune monarchie, quel que fût son drapeau, n'eût pu et ne pourrait, comme la fait la République, réunir en un seul faisceau tous les gens d'ordre au moment du danger ; aucune monarchie n'eût eu les reins assez forts pour triompher de l'insurrection dont Paris fut le théâtre et surtout pour l'empêcher de s'étendre au reste de la France.

La République existe ; depuis qu'elle a reconquis la capitale, elle marche régulièrement, légalement, sans se laisser troubler par les insultes, les diatribes, les provocations ; les efforts inouïs de vos chefs n'ont pu, malgré leur monstrueuse coalition, parvenir à la renverser, et d'ailleurs jamais ils ne pourraient s'entendre pour la remplacer. Ralliez-vous donc patriotiquement au régime qui s'impose par la force des choses, et qui seul peut mettre fin à nos interminables révolutions. Réfléchissez que ce sont les changements de gouvernement qui amènent fatalement à leur suite ces effroyables drames d'anarchie sociale, et que supprimer la cause, c'est par là même supprimer l'effet. Bannissez de vos cœurs un sentiment aussi puéril qu'est celui de la peur ; vous aussi, entrez résolument dans les sentiers qu'à force d'énergie nous ont ouverts les républicains ; en emboîtant leur pas, qu'avez-vous à craindre ? Les conservateurs unis aux vrais républicains ne seront-ils pas le nombre ? A leur exemple, soyez énergiques ; mais repoussez, comme indignes de vous, comme déloyales et barbares, des armes empruntées à la haine, à la terreur rouge ou blanche. Enfin, prenez confiance dans les destinées de notre généreuse nation, dans l'avenir de cette France, dont la sagesse républicaine est, au dehors, l'objet d'une sympathique admiration, de cette France qui reste, malgré ses malheurs et plus encore que par le passé, le phare lumineux rayonnant sur l'univers entier.

CAVEANT CONSULES.

Cholet, le 26 décembre 1872.

J'ai l'intime persuasion que M. Thiers et ses ministres veulent sincèrement, loyalement, l'affermissement et le développement de la République, qui est devenue pour tous les gens judicieux une nécessité de premier ordre ; mais, avec la meilleure volonté du monde, je ne puis me défendre d'une immense tristesse quand je les vois poursuivre et traquer, avec autant de sans-gêne que de passion et d'injustice, toute une classe de citoyens dont le seul tort, le tort impardonnable, est d'avoir eu la vue lucide, alors que tant d'autres, par une fatale illusion d'optique, étaient le jouet d'un mirage trompeur ; d'avoir ramé sans relâche et contre vent et marée vers le cap de la République, quand le plus grand nombre, sans excepter M. Thiers, mettaient naïvement leur confiance et leur espoir dans la chimère monarchique.

Me dira-t-on que j'exagère, que le gouvernement, loin de vouloir traiter en ilotes les républicains de la veille, veut la République pour tous et par tous, sans exclusion, sans ostracisme aucun ? Mais alors comment expliquer les faits patents qui se produisent quotidiennement, notamment la destitution récente et brutale de l'estimable maire d'une de nos plus grandes cités ? Comment ne s'aperçoit-on pas qu'on frappe en lui une foule imposante de citoyens qui l'ont appelé par leurs suffrages au poste éminent qu'il occupait ?

Comment ne craint-on pas d'éprouver à Versailles le choc en retour du coup porté à Nantes et ailleurs avec une désinvolture qui rappelle les beaux jours du ministre *au cœur léger ?*

Serait-ce pour donner des gages à l'Assemblée versaillaise qu'on agit ainsi ? Mais se faire violent et injuste pour complaire à qui que ce soit est une capitulation de conscience qui n'est jamais permise, et surtout quand elle peut être taxée d'ingratitude.

La gauche, avec une abnégation qui lui fait le plus grand honneur, n'a-t-elle pas constamment soutenu M. Thiers par ses votes contre ceux qui ont tout fait pour le contrecarrer et le renverser ?

Les grandes villes, où la foi républicaine est si générale, si vivace, ne se sont-elles pas unies à la gauche pour applaudir et encourager M. Thiers ? Eh bien ! c'est la gauche, ce sont les grandes villes qui éprouvent les taquineries, les boutades, les violences des ministres de M. Thiers, tandis que la droite est comblée par eux de cajoleries et de faveurs.

Ah ! messieurs, vous jouez là un jeu qui risque fort de tourner contre vous. Par peur, vous voulez supprimer les radicaux ; et, toujours mauvaise conseillère, la peur vous fait au contraire les grandir outre mesure. Car il existe dans la masse de la nation un fond de droiture et d'équité qui la porte naturellement vers ceux qu'on veut opprimer, surtout quand ils n'apportent que patience et résignation à la haine aveugle dont ils sont l'objet. Or cette masse, aux prochaines élections, pourrait bien réagir contre vos procédés étranges, et vous envoyer une majorité radicale.

Que le grand citoyen, qui s'est imposé la noble tâche de fonder la République, marche donc franchement et sans défaillance dans les sentiers de l'impartialité ; qu'il tienne pour tous la balance égale ; qu'il soutienne dans chaque cité tous ceux qui, républicains ou monarchistes, sont les élus de leurs concitoyens ; qu'il ne désespère d'amener les radicaux à se faire conservateurs et les conservateurs républicains à se faire radicaux ; qu'il dise aux monarchistes versaillais : « J'ai pour moi et avec moi l'opinion de la vraie majorité, et, quoi qu'il arrive, quelque hostiles que puissent être vos votes, je ne donnerai pas ma démission, sans avoir préalablement consulté la nation. »

Telles sont les réflexions, tels sont les vœux d'un conservateur qui ne se départira jamais des sentiments de modération et de justice envers et contre tous, d'un conservateur dont les opinions républicaines sont le résultat d'une conviction profonde, d'un conservateur enfin qui n'ignore pas combien, en manifestant publiquement de semblables opinions et ne reculant pas devant la franchise de sa signature, il assume contre lui de rancune politique ; mais il connaît le précepte :

Fais ce que dois ; advienne que pourra.

La RELIGION, la FAMILLE et la PROPRIÉTÉ.

Cholet, le 17 janvier 1873.

Rien n'est assurément plus louable que le culte rendu à ces trois protectrices de la civilisation. Les cléricaux et les monarchistes ont grandement raison de se montrer les défenseurs et les champions de ce culte ; mais, par contre, ils ont grandement tort d'en revendiquer pour eux seuls le monopole.

Les républicains sont, il est vrai, les ennemis du fanatisme, du charlatanisme, du jésuitisme et du despotisme, mais nullement des religions qui se renferment dans leurs temples, sans permettre aux préoccupations, aux passions politiques, d'en franchir le seuil ; et ils sont tout disposés à répéter avec Béranger :

> A son gré que chacun professe
> Le culte de sa déité ;
> Qu'on puisse aller même à la messe :
> Ainsi le veut la liberté.

Ils ont du moins sur certains de leurs adversaires le mérite de la franchise ; car, parmi les cléricaux, combien d'incrédules qui se disent tout bas que la religion n'est bonne que pour les femmes et les simples, n'est utile que comme frein social.

On leur fait un crime de ne pas se mettre à genoux devant le pouvoir temporel des papes, et de ne pas s'enrôler dans la croisade ayant pour but sa restauration ; mais en cela même ils croient servir les véritables intérêts de la religion, en même temps que ceux de la France. En effet, ont-ils été bien inspirés ces évêques de Rome, qui dans l'origine n'étaient que les premiers entre leurs égaux, *primi inter pares*, lorsque, après sept siècles de pauvreté et d'humilité chrétiennes, ils ont accepté la lourde charge de ce pouvoir temporel des mains de Pépin-le-Bref et de Charlemagne ? Ces usurpateurs de la couronne mérovingienne, en passant les Alpes et leur faisant ce présent territorial, qui n'était que le fruit d'un vol, n'ont-ils pas rendu les papes complices et receleurs de leur larcin ? Ces états du pape, on les a, s'il vous plaît, baptisés du titre de *Patrimoine de Saint-Pierre ;* mais l'historien Le Beau, qu'on n'accusera certes pas d'irréligion, dit à ce sujet : « Il est difficile de croire que Saint-Pierre eût accepté cette donation : Pépin donnait et le pape recevait ce qui appartenait à l'empereur d'Orient alors souverain légitime du pape. » — Quoi d'ailleurs de plus contraire à l'esprit et à la morale de l'Évangile ? Le maître n'avait-il pas dit : *Mon royaume n'est pas de ce monde ;* et encore : *Celui qui se servira de l'épée périra par l'épée ?*

Voici donc la papauté érigée en royauté, avec tous les attributs de celle-ci, avec ses splendeurs, ses abus et ses scandales ; avec cette épée à deux tranchants, ces instruments de torture, ces échafauds, ces prisons et ces bagnes, où l'on devait entasser non-seulement les malfaiteurs et les criminels, mais encore les patriotes italiens, les libres-penseurs et ceux qui avaient l'audace de croire que la Terre tourne. Dès lors la tiare devint un appât sur lequel se ruèrent, comme des vautours, les ambitieux, les intrigants et les débauchés. Une foule de prétendants se la disputèrent les armes à la main et à coups d'excommunications réciproques. Les Théodora, les Marozie, devenues toutes puissantes à Rome, firent et défirent des papes au gré de leurs caprices et de leurs passions. Dès lors, et jusqu'à nos jours, les soins de conserver et d'agrandir les états pontificaux couvrirent de sang, d'incendies et de ruines la malheureuse Italie. La cour de Rome devint de plus en plus avide de richesses et de trésors, et le besoin de remplir ses coffres donna au trafic des indulgences une extension désordonnée, qui fut une des principales causes du grand schisme du XVIe siècle. Voilà, en raccourci, ce que fut ce pouvoir temporel, qui transforma si complétement la constitution du Christianisme, et autour duquel on fait aujourd'hui tant de bruit.

Si les républicains ne sont pas les ennemis quand même de la religion, ils sont encore moins ceux de la famille et de la propriété ; car ils respectent tout ce qui est respectable, et d'ailleurs ils sont, eux aussi, des pères de famille qui comptent dans leurs rangs bon nombre de propriétaires, petits, moyens et grands. Pour se montrer attachés et fidèles à la famille et à la propriété, ils n'ont besoin que de mettre en pratique leur belle devise, et ceux qui n'adoptent pas cette règle de conduite ne sont pas de vrais républicains.

Contrairement à ces derniers, qui veulent, au profit de tous, le respect de la famille et l'accès à la propriété, beaucoup de conservateurs monarchiques, se disant si modestement le parti des honnêtes gens, n'ont en vue que la conservation de leurs intérêts propres, sans se soucier le moins du monde des intérêts des autres ; et ils poussent la rage de la conservation jusqu'à vouloir conserver et maintenir le peuple dans l'ignorance et par suite dans la misère.

Ces favoris de la naissance et de la fortune sont fiers, et non sans raison, de la vertu de leurs femmes, de la candeur et de la moralité de leurs filles, sans réfléchir que beaucoup d'entre elles ne mériteraient peut-être pas cet éloge, si la fatalité les avait fait naître dans les bas fonds de la société, et exposées à toutes les séductions de l'indigence. Ne devraient-ils pas, ne fût-ce que par reconnaissance envers le sort, chercher tous les moyens possibles d'améliorer la condition de ces déshérités des biens terrestres ? Or de tous ceux qui peuvent faire arriver le peuple à l'aisance, cette première étape de la fortune, le plus efficace est sans contredit l'instruction : sans elle, que de millionnaires ne seraient jamais sortis de la classe prolétaire.

Eh bien ! sont-ce les républicains qui s'opposent si obstinément à rendre l'instruction obligatoire, et à nous mettre sous ce rapport au niveau des autres nations ? Comment messieurs les cléricaux et monarchistes ne comprennent-ils pas qu'il y va là de leur intérêt, et que, plus la classe possédante sera nombreuse, plus solides seront les bases de l'ordre et de la propriété ?

Je me résume en disant que c'est pure calomnie de s'efforcer de représenter les républicains comme des Samsons toujours prêts à renverser les colonnes de l'édifice social, et qu'en se dévouant corps et âme aux intérêts généraux, ces estimables citoyens méritent, plus que tous autre, le titre de conservateurs de la propriété, de la famille, et même de la religion bien comprise.

COMMERCE, RÉVOLUTIONS & RÉPUBLIQUE.

Cholet, le 5 février 1873.

Il n'est pas rare de rencontrer des gens qui se figurent que la prospérité du commerce est incompatible avec la République, et que la monarchie peut seule procurer le sécurité nécessaire à son développement.

Mais, dans le passé, Sparte, Athènes, Rome, Carthage, Venise, Florence, Pise, Gênes, Marseille et la Hollande, et, de nos jours, les Etats-Unis d'Amérique et l'Angleterre qui, sous un simulacre de royauté, n'est en réalité qu'une République, démontrent jusqu'à l'évidence que le régime républicain et l'habitude de se gouverner soi-même donnent aux peuples une trempe de caractère, une énergie, un élan et une activité qui sont l'âme-même de l'industrie et des grandes entreprises commerciales.

C'est du reste ce que comprennent parfaitement, à Paris et dans les grands centres, tant de commerçants intelligents.

Si l'on essaie de persuader aux esprits rétrogrades et routiniers que le commerce a en effet besoin du grand air, de l'air vivifiant de la liberté, non moins que de fixité dans les institutions ; si l'on ajoute qu'en France la monarchie ne pourra jamais tenir, par suite de la mobilité de notre caractère ; qu'avec la République au contraire cette mobilité même devient un élément d'ordre et de stabilité, en permettant de remplacer périodiquement, sans secousse, sans perturbation aucune, un président par un autre ; enfin que l'acceptation franche et loyale de la forme républicaine aurait pu et pourrait nous délivrer des révolutions :

« Que nous importent les révolutions, s'écrient ces clérico-monarchistes ? en dépit d'elles, nos champs n'ont pas cessé, chaque année, de se couvrir de moissons, nos arbres, de fruits, nos prairies, de verdure et de fleurs, et le commerce, de suivre son cours régulier et prospère. Sous la Restauration, sous la royauté de juillet, et surtout sous le second empire, nous avons parfaitement fait nos affaires ; qu'une monarchie nouvelle, n'importe laquelle, dure seulement dix ans ; notre fortune sera achevée, et, après cela, le déluge ! »

Stupéfait d'un pareil langage, qui m'a été réellement tenu, je n'ai pu m'empêcher de répondre à mon interlocuteur : « Peut-on pousser jusque là le culte des intérêts personnels et l'insouciance de ceux de la patrie ! Vous avez, dites-vous, parfaitement fait vos affaires ; c'est très-heureux, et je vous en félicite ; mais la France que vous oubliez, cette France qui comprend l'universalité des citoyens, a-t-elle fait les siennes à travers ces bourrasques, ces perturbations politiques, et surtout à travers ces guerres de l'empire ? Reportez-vous au commencement du siècle ; recherchez ce qu'étaient alors la dette et les impôts, et calculez ce qu'ils sont aujourd'hui ! Cet aventurier en détresse, auquel la République avait ouvert les portes de la France, et qui avait solennellement juré de la maintenir, cet homme, qui débuta par le parjure et qui, bâillonnant et étouffant la liberté et toutes les aspirations généreuses, ne sut donner satisfaction qu'à la soif de l'or, à la corruption et à sa gloriole batailleuse, ce bras-de-fer enfin, si fragile pourtant, sur lequel reposaient vos plus chères espérances, voyez où il nous a conduits !

» Indépendamment de tant d'enfants du peuple, alors seuls soumis à l'impôt du sang, seuls condamnés à se faire chair à canon, indépendamment, dis-je, de tant de ces enfants qui, pendant que d'autres faisaient leurs affaires, s'acquittaient bravement de leur métier de soldat, et se voyaient moissonnés et mutilés par la mitraille en Crimée, en Italie, en Chine, au Mexique et dans cette lamentable campagne contre la Prusse, campagne entreprise avec un cœur si léger et conduite plus ineptement encore, ne comptez-vous pour rien la honte de Sedan, l'odieuse capitulation de Metz, notre prestige national détruit, notre glorieux drapeau renversé et foulé aux pieds, notre territoire envahi, dévasté, souillé, nos villes et nos citadelles incendiées et démantelées, tout notre matériel de guerre aux mains de l'ennemi, et, pour couronnement, ces provinces perdues, ces milliards extorqués ?

» Ne comptez-vous pour rien les charges énormes résultant d'un tel effondrement, ces impôts qui vont peser si lourdement sur toute la nation, et principalement sur le petit commerce, sur la petite propriété, sur le petit rentier, et même sur l'ouvrier et le prolétaire, par le renchérissement forcé de tous les objets de consommation, par les taxes mises et à mettre sur un grand nombre de ces objets et par l'élévation des tarifs d'octroi ? Voilà le bilan de cet empire auquel la peur vous a conseillé de livrer et de sacrifier la République de 48, que vous aviez tout d'abord acclamée.

» Comment, après cela, ne pas être guéri de la manie des aventures monarchiques ? Comment ne pas désirer voir le gouvernement de tous par tous ressaisir ce droit de paix et de guerre, si dangereux entre les mains d'un seul, et ne pas vouloir confier à la République le soin de remédier, autant que faire se peut, à une situation qu'elle n'a point faite, en répartissant équitablement ces impôts qui, je le répète, ne sont nullement son œuvre ? »

Pour faire diversion, on m'objectera sans doute que ce sont les républicains qui ont amené les révolutions ; et les républicains riposteront que ce sont au contraire les monarchistes ; les uns diront : « Il ne fallait pas renverser les monarchistes ; » les autres : « Il ne fallait pas nous les imposer. »

Mais ces récriminations sont oiseuses et la vraie question n'est pas là : quelqu'ait été la cause de ces révolutions, le point important est de savoir s'il est possible d'en empêcher le retour ; or le simple bon sens, d'accord en cela avec la rectitude du jugement et la logique, le simple bon sens répondra : Oui, par la République ; par la République à la fois conservatrice, libérale, progressive et radicale, ou mieux, par la République tout court, réclamant le désintéressement, le zèle et les efforts de tous, et ne demandant qu'à la libre discussion, à la persuasion et aux conseils d'une fraternelle sagesse, l'accomplissement des progrès, améliorations et réformes compatibles avec le maintien rigoureux et absolu de l'ordre et de la légalité. »

LA RÉVOLUTION EN PERMANENCE.

Cholet, le 5 mars 1873.

Messieurs les monarchistes se plaisent à répéter que la République n'est autre chose que la révolution en permanence ; et cet aphorisme boiteux s'implante dans de pauvres cervelles de telle sorte qu'il devient à peu près impossible de l'en extirper.

Eh bien ! oui, mes amis, vous avez cent fois raison : le gouvernement de tous par tous, contrairement à celui d'un seul, à celui du privilège, est en effet le mouvement perpétuel, la révolution en permanence ; mais une révolution semblable à celle que la terre et les autres planètes accomplissent autour du soleil, une révolution qui pourrait être aussi heureuse que féconde, s'il lui était permis de suivre son cours régulier.

Depuis 1789, vous avez tout fait pour entraver cette révolution ; vous avez tout fait pour tuer l'idée républicaine ; vous avez voulu empêcher le fleuve de couler librement et tranquillement entre ses deux rives ; vous vous êtes efforcés de lui barrer le passage en élevant digue sur digue ; par votre résistance opiniâtre, par vos efforts désespérés, par vos intrigues, par vos manœuvres monarchiques, vous avez amené de nombreux désastres, vous avez amené l'empire ! et c'est justement vous qui venez reprocher à la République de n'avoir pas produit tous les résultats, tous les bienfaits qu'on était en droit d'en attendre. Tenez, vous me faites en cela, permettez-moi de vous le dire, vous me faites l'effet de gens qui récrimineraient avec amertume contre le fonctionnemement irrégulier d'une machine, après s'être fait un jeu de jeter imprudemment force cailloux dans ses engrenages.

Croyez-moi, braves gens, dans votre intérêt, dans l'intérêt de tous, renoncez à votre entreprise chimérique ; soyez bien persuadés que si, au risque des plus grands malheurs, au risque de voir se déchaîner à nouveau les passions populaires, la République était encore une fois renversée en France, elle se relèverait bientôt plus vivace, plus forte que jamais ; car c'est une luronne qui possède toute la virilité, toute la sève de la jeunesse : elle est le grain de blé soulevant la meule quand vient l'heure de la germination ; elle est le gouvernement du progrès vers lequel tend sans cesse l'humanité ; elle est le gouvernement de l'avenir.

Avec le temps, tous les peuples sont appelés à subir son empire ; tous ceux qui sont encore courbés sous le joug monarchique sont comme des astres, errant à l'aventure au milieu de l'espace ; mais patience, ces peuples finiront aussi par rencontrer l'orbite révolutionnaire qui leur a été tracée, et par s'y engager. Alors commencera le règne de l'harmonie universelle, harmonie qui s'établira dans l'ordre politique comme elle existe dans notre admirable système planétaire. C'est alors qu'on pourra dire avec justesse que la République est la révolution (c'est-à-dire, l'ordre) en permanence.

Celui qui, ne demandant rien pour lui-même, tient seulement à honneur d'être et de se dire le fils d'un simple ouvrier,

J.-A. BROQUE.

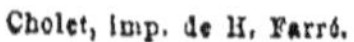

Cholet, Imp. de H. Farré.